ADELANTE, CHARLIE BROWN

D1378679

Books by Charles M. Schulz available in Spanish

ADELANTE, CHARLIE BROWN
SNOOPY, VUELVE A CASA

Books by Charles M. Schulz available in French

VAS-Y, CHARLIE BROWN
REVIENS, SNOOPY

ADELANTE, CHARLIE BROWN

por Charles M. Schulz

HOLT, RINEHART AND WINSTON

New York · Chicago · San Francisco

Published simultaneously in Canada by Holt, Rinehart
and Winston of Canada, Limited.

Published, July, 1971

Second Printing, August, 1971

ISBN: 0-03-081050-7

Printed in the United States of America

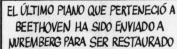

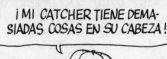

¡HE LLEGADO A LA CONCLUSIÓN DE QUE NECESITAMOS UN SCOUT DE BÉISBOL!

NECESITAMOS A ALGUIEN QUE VAYA Y SE MEZCLE CON EL OTRO EQUIPO Y AVERIGÜE EL LADO FLACO Y EL FUERTE DE CADA CUAL...

PUEDE SER TAREA MUY PELIGROSA, DESDE LUEGO, PERO ALGO QUE HAY QUE HACER, Y...

¡AQUÍ TIENES UN VOLUNTARIO!

SCHULZ

¿QUIERES QUE SEA ESPÍA?

ESPÍA NO... ¡UN SCOUT! ¡UN SCOUT DE BÉISBOL!

RECONOZCO QUE ES UNA LABOR PELIGROSA, ¡PERO TIENE QUE HACERSE!

SUPONGO QUE LA PRIMERA PREGUNTA QUE TE VIENE A LA CABEZA ES: "¿POR QUÉ HAY QUE HACERLO?"

NO. LA PRIMERA PREGUNTA QUE ME VIENE A LA CABEZA ES: "¿POR QUÉ YO?"

SCHULZ

YA FUI, CHARLIE BROWN, Y AVERIGÜÉ TODO LO QUE QUERÍAS SABER...

HASTA LO ESCRIBÍ TODO EN UN PEDAZO DE CHICLE COMO ME DIJISTE, DE MODO QUE EN CASO DE QUE EL OTRO EQUIPO SOSPECHARA ALGO, PODER MASCARLO Y DESTRUIR LAS NOTAS

BUENO, ¿QUÉ AVERIGUASTE? ¿DÓNDE ESTÁ EL INFORME?

VI PRACTICAR AL EQUIPO, ¿SABES? ¡FUE ALGO ESPANTOSO! ¡CUALQUIERA PODRÍA APABULLARLOS!

¡NINGUNO DE SUS JUGADORES ES CAPAZ DE BATEAR LA BOLA FUERA DEL CUADRO! ¡Y TIENEN EN EL JARDÍN CENTRAL A UNA NIÑA GRITONA QUE NO PUEDE ATRAPAR NADA!

¡TAMBIÉN TIENEN EN LA SEGUNDA BASE UNA ESPECIE DE ANIMAL QUE NI SIQUIERA TIRA, Y EL LANZADOR ES UN CABEZÓN QUE NO SIRVE PARA NADA! Y...

¡¡¡ESTÁS DESCRIBIENDO A TU PROPIO EQUIPO!!!

¡ HAY DÍAS EN QUE MI DEDO SABE A RAYOS !

¿ TERMINARÁN EN PUNTAS LAS ESTRELLAS ?

NO. LA APARIENCIA PUNTIAGUDA SE DEBE A NUESTRO ASTIGMATISMO, QUE ES UNA DISTORSIÓN VISUAL OCASIONADA POR IRREGULARI- DADES EN LA SUPERFICIE DE LA CÓRNEA

MI OCULISTA DICE QUE UN LEVE GRADO DE ASTIGMATISMO ES NORMAL Y NOS IMPIDE VER LAS ESTRELLAS COMO CÍRCULOS LUMINOSOS

¡ DILE A TU OCULISTA QUE ME HA ARRUINADO LA CONTEMPLACIÓN DEL CIELO ESTRELLADO !

¿POR QUÉ NO PUDO McCOVEY PEGARLE A LA BOLA AUNQUE FUERA TRES PIES MÁS ALTO?

RAYOS...

¡CADA VEZ QUE LLUEVE SE INUNDA EL SÓTANO!

¡UY, MIRA COMO LLUEVE!

NUNCA HABÍA VISTO LLOVER TAN FUERTE TANTO RATO...

QUÉ BUENO ESTAR DENTRO DE LA CASA...

DIOS MÍO, SÓLO UN PERFECTO IDIOTA ESTARÍA AFUERA CON UNA LLUVIA ASÍ...

¿DONDE ESTARÁ TODO EL MUNDO?

¿POR QUÉ ESTÁS AHÍ BAJO LA LLUVIA, CHARLIE BROWN?

TÚ SABES QUE TENEMOS UN JUEGO DE BÉISBOL PARA HOY... TAN PRONTO SE PRESENTEN LOS DEMÁS PODEMOS EMPEZAR...

EVIDENTEMENTE, NO SE TE HA OCURRIDO QUE NADIE VA A VENIR...

¡NI POR UN SEGUNDO!

ME LO IMAGINABA...

¿DÓNDE ESTÁ TODO EL MUNDO?

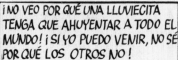

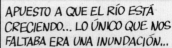

¡NO TE PONGAS A MIRAR LA TELEVISIÓN SIN LENTES! ¿QUIERES ARRUINARTE LA VISTA?

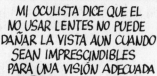

MI OCULISTA DICE QUE EL NO USAR LENTES NO PUEDE DAÑAR LA VISTA AUN CUANDO SEAN IMPRESCINDIBLES PARA UNA VISIÓN ADECUADA

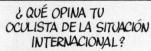

¿QUÉ OPINA TU OCULISTA DE LA SITUACIÓN INTERNACIONAL?

ESTE ES UN INFORME SOBRE LA CLASE DE HOMBRES QUE RESULTAN MEJORES MARIDOS

LOS DENTISTAS, DELINEANTES, JUGADORES DE HOCKEY, PERFORADORES DE POZOS Y VENDEDORES DE MADERA ENCABEZAN LA LISTA... ¡LOS PIANISTAS ESTÁN A LA COLA!

¿DÓNDE CONSEGUISTE ESE INFORME?

¡ACABO DE HACERLO!

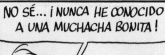
 SCHROEDER, ¿TÚ CREES QUE UNA MUCHACHA BONITA ES COMO UNA MELODÍA?

 NO SÉ... ¡NUNCA HE CONOCIDO A UNA MUCHACHA BONITA!

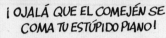

 ¡OJALÁ QUE EL COMEJÉN SE COMA TU ESTÚPIDO PIANO!

 YO TENGO UN AMIGO QUE TOCA EL ACORDEÓN...

TOCA POLCAS, VALSES, CHOTIS... TODA CLASE DE COSAS... TÚ SABES, LA CLASE DE MELODÍAS QUE A LA GENTE LE GUSTA OÍR.

 ¡AAAAY!

 ¡YO SABÍA QUE ESO LE IBA A DOLER!

¿QUÉ ESTÁS MIRANDO, LINUS?

NADA... ES LO MALO

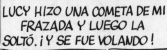

LUCY HIZO UNA COMETA DE MI FRAZADA Y LUEGO LA SOLTÓ. ¡Y SE FUE VOLANDO!

¿ASÍ QUE ESTÁS AQUÍ ESPERANDO QUE VUELVA?

SÍ.

BUENO, QUE TE DIVIERTAS ESPERANDO..

GRACIAS.

¿POR QUÉ TUVISTE QUE COGER MI FRAZADA PARA HACER UNA COMETA?

¿POR QUÉ TUVISTE QUE SOLTARLA? ¿QUÉ VOY A HACER YO SIN MI FRAZADA?

BASTA YA DE QUEJAS... TE HICE UN FAVOR... TE AYUDÉ A VENCER UNA MALA COSTUMBRE. ¡Y LO QUE TENÍAS CON ESA FRAZADA ERA UNA MALA COSTUMBRE, YA LO CREO!

¡VAYA! ¡CHUPARSE EL DEDO SIN UNA FRAZADA ES COMO COMER UN BARQUILLO SIN HELADO!

QUIERO PONER UN ANUNCIO EN EL PERIÓDICO, CHARLIE BROWN. ESCRIBE QUE VOY A DICTÁRTELO...

"PERDIDA. UNA FRAZADA AZUL CLARO EN FORMA DE COMETA. FAVOR DE DEVOLVERLA"

¿ ALGO MÁS ?

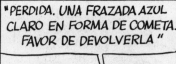

"¡ PROPIETARIO DESESPERADO !"

SCHULZ

NECESITO TU AYUDA, SNOOPY...

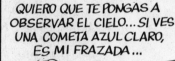

QUIERO QUE TE PONGAS A OBSERVAR EL CIELO... SI VES UNA COMETA AZUL CLARO, ES MI FRAZADA...

SIGUE MIRANDO PARA ARRIBA ...ASÍ...AVÍSAME EN CUANTO VEAS ALGO...

ESTOY CORRIENDO UN RIESGO... ¡SEGURO QUE PASA ALGUIEN Y ME HACE COSQUILLAS EN EL CUELLO!

SCHULZ

AQUÍ HAY UNA CARTA DE BODEGA BAY, CALIFORNIA...

"QUERIDO LINUS: NUESTRA FAMILIA ESTABA AYER DE PICNIC Y NOS PARECIÓ HABER VISTO TU FRAZADA. LA PERSEGUIMOS POR UN CAMPO, PERO NO PUDIMOS AGARRARLA...

... LA ÚLTIMA VEZ QUE LA VIMOS VOLABA CADA VEZ MÁS ALTO Y SE DIRIGÍA HACIA EL...

... ¡VÁLGAME DIOS!... ¡OCÉANO!"

¡LA VIERON! ¡LA VIERON!

¡ALGUIEN VIO MI FRAZADA VOLANDO HACIA EL OCÉANO PACÍFICO!

¡OH, MI POBRE FRAZADA! ¡SIEMPRE LE TUVO MIEDO AL AGUA! ¡NO SABE NADAR!

¡NI SIQUIERA SABE VADEAR!

MIRA, CHARLIE BROWN... ¡RECIBÍ UN TELEGRAMA DEL SERVICIO DE SALVAMENTO AÉREO!

ENCONTRARON MI FRAZADA FLOTANDO EN EL OCÉANO... ¡DOS MÉDICOS PARACAIDISTAS SE LANZARON DE UN SC54 Y LA SALVARON!

¡UY!

A ESE SERVICIO DE SALVAMENTO AÉREO NO SE LE ESCAPA UNA...

YA LO CREO.

HALLARON AL TENIENTE DE NAVÍO SCOTT CARPENTER Y A MI FRAZADA... ¡AMBOS EN EL PLAZO DE CINCO SEMANAS!

BUENO, LINUS RECUPERÓ SU FRAZADA, ¿NO?

SÍ QUE LE OCASIONASTE PROBLEMAS... ¿CÓMO TE SIENTES AL SABER QUE LO HAS HECHO PASAR POR TANTO DOLOR Y ANGUSTIA?

¿NO TE DA PENA, LUCY?

LOS INSECTOS ME FASCINAN... PODRÍA ESTAR MIRÁNDOLOS HORAS Y HORAS...

NO. ME PARECE QUE NO...

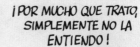

¿SABES UNA COSA, SNOOPY? NO COMPRENDO A LA GENTE...

¡POR MUCHO QUE TRATO, SIMPLEMENTE NO LA ENTIENDO!

SÉ CÓMO SE SIENTE... HACE MUCHO QUE DESISTÍ DE TRATAR DE COMPRENDER A LA GENTE.

¡AHORA SENCILLAMENTE DEJO QUE LA GENTE TRATE DE COMPRENDERME A MÍ!

SCHULZ

¿Y POR QUÉ NO PUDO McCOVEY HABER BATEADO LA PELOTA SIQUIERA DOS PIES MÁS ALTO?

SCHULZ

BUENO, ¿QUE TIENE DE DIVERTIDO UN GLOBO?

AYER FUI A MI OCULISTA...

DIJO QUE TAL VEZ NO TENGA QUE USAR LENTES CONSTANTEMENTE... TAMBIÉN ME DIJO QUE HIZO OCHENTA HACE DÍAS...

¿HABLARON DE GOLF?

PUES CLARO... SIEMPRE LE PREGUNTO CÓMO LE VA EN EL GOLF...

ESO LO TRANQUILIZA MIENTRAS ME EXAMINA LA VISTA

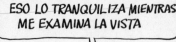

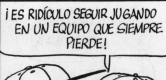

¡RENUNCIO!

¡ES RIDÍCULO SEGUIR JUGANDO EN UN EQUIPO QUE SIEMPRE PIERDE!

¡ESTE EQUIPO JAMÁS SERÁ NADA! ¡¡¡SIEMPRE VA A PERDER, PERDER, PERDER, PERDER!!!

¡ME NIEGO A JUGAR COMO JARDINERO IZQUIERDO EN UN BARCO QUE SE HUNDE!

LO SIENTO, CHARLIE BROWN, PERO QUE TAMBIÉN RENUNCIO...

ES DURO JUGAR EN UN EQUIPO QUE SIEMPRE PIERDE... ES DEPRIMENTE ...YO SOY DE LOS QUE NECESITAN GANAR DE VEZ EN CUANDO... TÚ ERES DIFERENTE...

ME PARECE QUE TÚ SIENTES UN PLACER NEURÓTICO AL PERDER SIEMPRE...

¡PSIQUIATRÍA DE "LIGA INFANTIL"!

CREO QUE PUEDO LIBRARME DEL KINDERGARTEN, CHARLIE BROWN, SI ME ESCRIBES ESTA CARTA...

"A QUIEN PUEDA INTERESAR: TENGA LA BONDAD DE EXCUSAR A SALLY BROWN DE ASISTIR AL KINDERGARTEN. SE LA NECESITA EN CASA..."

¡¡YO NO PUEDO ESCRIBIR ESO!!

¿TE DAS CUENTA DE QUE ÉSE ES EL DEFECTO DE LA SOCIEDAD HOY EN DÍA? ¡ESO ES EVASIÓN DE RESPONSABILIDAD! ¡ESO ES LO QUE ESTÁ SOCAVANDO NUESTRA SOCIEDAD!

YO NO ENTIENDO LO QUE ESTÁS DICIENDO... ¡SOY DEMASIADO JOVEN E INOCENTE!

SCHULZ

EN REALIDAD TENGO UNA ESPECIE DE MIEDO DE IR A LA ESCUELA...

HE OÍDO DECIR QUE TE HACEN MUCHAS PREGUNTAS... ¿ES VERDAD?

SÍ, ME IMAGINO QUE SÍ... ¿Y POR QUÉ TE PREOCUPA ESO?

¡HAY CIERTAS COSAS QUE PREFERIRÍA NO DIVULGAR!

SCHULZ

...Y CANTAMOS CANCIONES Y PINTAMOS CUADROS...

Y ESCUCHAMOS CUENTOS Y COLOREAMOS CON CREYONES Y DESCANSAMOS Y MERENDAMOS Y JUGAMOS...

¡OH, NOS DIVERTIMOS TANTO!

¡TODOS LOS NIÑOS DEBERÍAN IR AL KINDERGARTEN!

¡ALGUNOS NIÑOS NO SE CONOCEN A SÍ MISMOS!

SI UN NIÑO NO QUIERE IR AL KINDERGARTEN ¡LOS PADRES NO DEBEN ANDARSE CON CONTEMPLACIONES, SINO SIMPLEMENTE DESPACHARLO A LA ESCUELA! ¡OBLIGARLO A IR!

¡ES ABSURDO QUE UN NIÑO LE TENGA MIEDO AL KINDERGARTEN! YO CREO QUE HOY EN DÍA SE MIMA DEMASIADO A LOS NIÑOS...

¡NADA DE MALACRIANZAS! ¡ESE ES MI LEMA! ¡A LA ESCUELA Y SAN-SEACABÓ!

SUSPIRO

¡NO TE RÍAS DE MÍ!

QUÉ ARBOLITO TAN BONITO, ¿NO TE PARECE?

SÍ, MUY LINDO...

ES UNA LÁSTIMA QUE NO ESTEMOS AQUÍ PARA VERLO CUANDO SEA GRANDE

¿POR QUÉ? ¿ADÓNDE VAMOS?

ME DIJERON QUE TENÍAS PROBLEMAS CON LA LECTURA EN LA ESCUELA, CHARLIE BROWN...

SÍ. A VECES ME PREGUNTO SI NECESITARÉ LENTES...

LO DUDO...

MI OCULISTA DICE QUE LA CAUSA DE LA LENTITUD EN EL LEER CASI NUNCA ES OCULAR... PROBABLEMENTE TIENES "PREDOMINIO CEREBRAL MIXTO"

¡ESE ES EL MEJOR ELOGIO QUE HE OÍDO EN MI VIDA!

¿QUIERES DECIR QUE MI DIFICULTAD AL LEER NO SE DEBE A LA NECESIDAD DE USAR LENTES?

PROBABLEMENTE NO...

ESA DIFICULTAD INFANTIL ES A MENUDO EL RESULTADO DE UN "PREDOMINIO CEREBRAL MIXTO"... UNA PERSONA ES DERECHA PORQUE EL LADO IZQUIERDO DE SU CEREBRO PREDOMINA...

AHORA BIEN, SI ERES AMBIDIESTRO O SI TE HAN OBLIGADO A ESCRIBIR CON LA MANO QUE NO ES, ESTO PUEDE PRODUCIR "PREDOMINIO CEREBRAL MIXTO"...

SI ESO ES CIERTO, PODEMOS DESCARTAR LA FALTA DE VISTA COMO LA CAUSA DE TU LENTITUD AL LEER...

¿DESCARTASTE LA ESTUPIDEZ?

DUDO QUE OTRO COLOR HUBIERA LUCIDO TAN BIEN...

HE ESTADO PENSANDO MUCHO EN ESO ÚLTIMAMENTE Y ESTOY CONVENCIDA DE QUE FUE UNA BUENA IDEA HACER EL CIELO AZUL...

¡GRACIAS POR TU APROBACIÓN!

¡NADA ME MOLESTA MÁS QUE DESPERDICIAR UN BUEN CORTE DE PELO!

EL SÁBADO ME PELARON PARA QUE EL LUNES POR LA MAÑANA FUERA BIEN BONITO A LA ESCUELA...

EL LUNES AMANECÍ ENFERMO Y NO PUDE IR A LA ESCUELA DURANTE TRES DÍAS...

¡QUE LÁSTIMA DE PELADO!

MI MADRE ME MANDÓ OTRA NOTA CON EL ALMUERZO...

"QUERIDO HIJO: ESTO ES PARA DESEARTE ÉXITO EN TUS ESTUDIOS HOY... TU PADRE Y YO TE QUEREMOS MUCHO..."

"TRABAJAMOS Y NOS SACRIFICAMOS PARA QUE TENGAS UNA BUENA EDUCACIÓN... ESTUDIA MUCHO... HAZ QUE NOS SINTAMOS ORGULLOSOS DE TI... BESITOS, MAMI"

¡GUAA!

¡VÁLGAME DIOS!

¿OTRA NOTA DE TU MAMÁ?

SÍ. LE GUSTA MANDÁRMELAS CON EL ALMUERZO

"QUERIDO HIJO: ¿ESTÁS ESTUDIANDO MUCHO HOY? ¿HAS APROVECHADO BIEN LA MAÑANA?

"TU PADRE Y YO SÓLO QUEREMOS LO MEJOR PARA TI, PERO TÚ DEBES PONER TAMBIÉN DE TU PARTE... NO NOS FALLES... SÉ APLICADO... BESITOS, MAMI"

ANTES ME PREGUNTABA POR QUÉ ANDABAS CON UNA FRAZADA AL RETORTERO ALGUNAS VECES ¡PERO AHORA CREO QUE LO SÉ!

¿PARTICIPAS MUCHO EN LAS ACTIVIDADES DEL KINDERGARTEN, SALLY?

NO MUCHO... SOY UN POCO RETRAÍDA...

POR EJEMPLO, AYER LA MAESTRA QUISO QUE TODOS FUÉRAMOS A LA PIZARRA A DIBUJAR, PERO ME LIBRÉ DEL APRIETO...

¡LE DIJE QUE NO PODÍA PORQUE TENÍA BURSITIS!

¡UN MOMENTO! ¡ESPERA!

DI: "OH, QUERIDA HERMANA DEL DULCE ROSTRO Y LA BELLA SONRISA, ¿PUEDES DARME UN PEDAZO DE GLORIA CELESTIAL?"

OH, QUERIDA HERMANA DEL DULCE ROSTRO Y LA BELLA SONRISA, ¿PUEDES DARME UN PEDAZO DE GLORIA CELESTIAL?

¡¡LA GLORIA CELESTIAL ME HACE DECIR CUALQUIER COSA, POR NAUSEABUNDA QUE SEA!!

"ESTO QUE VEZ ES LA IGLESIA...

...Y ESTO DE AQUÍ EL CAMPANARIO... UNA VEZ QUE ABRES LA PUERTA...

...¡VES REUNIDO AL VENCIDARIO!"

¡NO HAY MUCHOS FELIGRESES QUE DIGAMOS!

¡FANTÁSTICO!

ESCUCHA ESTO...

¡SI VIVIERAN TODOS LOS HIJOS DE UNA MOSCA, ELLA TENDRÍA SEISCIENTOS VEINTICINCO MIL NIETOS!

¡DEMASIADOS CUMPLEAÑOS PARA ACORDARSE DE TODOS!

¡SAQUÉ UNA "A" EN MIS CALIFICACIONES!

¡MIRA, TUVE UNA "A"! ¿VES? ¡AHÍ MISMO! ¡SAQUÉ UNA "A"!

NO SACASTE NINGUNA "A"... ¡ESA ES UNA INICIAL DEL NOMBRE DEL DIRECTOR!

¡RAYOS! ¡CREÍ QUE HABÍA SACADO "A"!

MI PAPÁ Y YO TUVIMOS UNA PROFUNDA DISCUSIÓN TEOLÓGICA ANOCHE...

ÉL ESTABA EXAMINANDO MIS NOTAS Y SE PREGUNTABA POR QUÉ FUI EL ÚNICO EN LA CLASE QUE NO TUVO "A" EN ORTOGRAFÍA...

YO LE DIJE: "¿NO ES MARAVILLOSO EL HECHO DE QUE EN ESTA TIERRA CADA UNO DE NOSOTROS HA SIDO CREADO UN TANTO DIFERENTE A LOS DEMÁS?"

Y ASÍ FUE COMO ENTRAMOS EN LA DISCUSIÓN TEOLÓGICA...

NO ME DEJAN SALIR A JUGAR DESPUÉS DE LA ESCUELA DURANTE UNA SEMANA, CHARLIE BROWN...

MI PAPÁ DICE QUE MIS NOTAS FUERON TAN MALAS QUE TENGO QUE QUEDARME EN CASA...

¿Y QUÉ ESTÁS HACIENDO? ¿ESTUDIANDO?

NO. ¡MIRANDO TELEVISIÓN!

¡ESTE AÑO EL ANIVERSARIO DE BEETHOVEN CAE EN DOMINGO!

¡QUÉ NOTICIA TAN EMOCIONANTE!

QUERIDA "GRAN CALABAZA": ESPERO TU LLEGADA LA NOCHE DE HALLOWEEN.

CONFÍO EN QUE ME TRAIGAS MUCHOS REGALOS.

TODO EL MUNDO ME DICE QUE NO EXISTES, PERO YO CREO EN TI.

SINCERAMENTE, LINUS VAN PELT

P. D. SI EN REALIDAD NO EXISTES, NO ME LO DIGAS. NO QUIERO SABERLO.

SCHULZ

ESTA ES LA ÉPOCA DEL AÑO EN QUE SE LE ESCRIBE A LA "GRAN CALABAZA"

¡LA NOCHE DE HALLOWEEN, SE ALZA DEL CALABAZAR Y VUELA POR EL AIRE CON UN GRAN SACO DE JUGUETES PARA TODOS LOS NIÑOS!

LE ESTOY ESCRIBIENDO... ¿QUIERES QUE PONGA ALGO BUENO DE TI, CHARLIE BROWN?

DESDE LUEGO... ¡MIENTRAS MÁS INFLUENCIA TENGA EN LAS ALTAS ESFERAS, MEJOR!

SCHULZ

HE ESTADO PENSANDO...

¿POR QUÉ NO HACER UNA CIRCULAR EN MIMEÓGRAFO Y ENVIAR LA MISMA CARTA A LA "GRAN CALABAZA", SANTA CLAUS Y AL CONEJO DE PASCUA?

NO CREO QUE SE VAYAN A DAR CUENTA ...POR LO PRONTO ESTOY **SEGURO** EN LO QUE RESPECTA A LA "GRAN CALABAZA"...ES MUY INGENUA...

OJALÁ NO ME LO HUBIERAS DICHO ... QUÉ DECEPCIÓN...

SCHULZ

¿QUIERES DECIR QUE LE VAS A MANDAR LA MISMA CARTA CIRCULAR A LA "GRAN CALABAZA", SANTA CLAUS Y AL CONEJO DE PASCUA?

¿Y POR QUÉ NO? ESOS TIPOS RECIBEN TANTA CORRESPONDENCIA QUE ES IMPOSIBLE QUE SE DEN CUENTA...

¡APUESTO A QUE NI SIQUIERA LEEN LAS CARTAS! ¿CÓMO VAN A PODER?

¡EL PROBLEMA TUYO, CHARLIE BROWN, ES QUE NO COMPRENDES CÓMO FUNCIONAN ESTAS GRANDES ORGANIZACIONES!

SCHULZ

QUERIDA "GRAN CALABAZA": QUEDAN POCOS DÍAS PARA HALLOWEEN.

TODOS LOS NIÑOS TE ESPERAN.

YO NO LA ESPERO... ¡YO CREO QUE NO EXISTE!

QUÉ BUENO QUE NO OÍSTE ESO.

SCHULZ

QUERIDA "GRAN CALABAZA": ÉSTA ES LA ÚLTIMA CARTA QUE TE ESCRIBO ANTES DE HALLOWEEN.

CUANDO TE LEVANTES DEL CALABAZAR ESTA NOCHE, RECUERDA QUE SOY TU MÁS LEAL PARTIDARIO.

QUE TENGAS BUEN VIAJE.

NO OLVIDES ASEGURARTE LA VIDA ANTES DE LEVANTAR EL VUELO.

SCHULZ

Y EN LA NOCHE DE HALLOWEEN LA "GRAN CALABAZA" SE ALZA DEL SUELO...

¡ENTONCES VUELA POR EL AIRE PARA LLEVARLES JUGUETES A TODOS LOS NIÑOS BUENOS!

LINDO CUENTO...

¡AUNQUE INFERIOR AL DEL RENO VOLADOR DEL TRINEO DE SANTA CLAUS!

¿NO **CREES** EN LA HISTORIA DE LA "GRAN CALABAZA"?

¡QUÉ DESILUSIÓN! YO PENSABA QUE LAS NIÑITAS CREÍAN SIEMPRE TODO LO QUE SE LES CONTABA

YO QUE CREÍA QUE LAS NIÑITAS ERAN INOCENTES Y CONFIADAS...

¡ESTAMOS EN EL SIGLO XX!

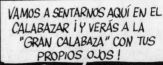

¡ME TIMARON!

ME PASÉ TODA LA NOCHE ESPERANDO A LA "GRAN CALABAZA" CUANDO PODÚ HABER ESTADO DIVIRTIÉNDOME CON LOS "TRICKS O TREATS"

¿HAS OÍDO HABLAR DE LA FURIA DE UNA MUJER DESPECHADA?

SÍ, CREO QUE SÍ...

¡BUENO, ESO NO ES NADA COMPARADO CON LA FURIA DE UNA MUJER A QUIEN LE HAN HECHO TRAMPA Y SE QUEDA SIN "TRICKS O TREATS"!

SCHULZ

¡QUÉ TONTA FUI!

PUDE HABER CONSEGUIDO CARAMELOS Y MANZANAS Y CHICLE Y GALLETAS Y DINERO Y TODA CLASE DE COSAS, PERO ¡NO! ¡TUVE QUE HACERTE CASO! ¡QUÉ TONTA FUI!

¡LOS "TRICKS O TREATS" VIENEN UNA SOLA VEZ AL AÑO, Y ME LOS PIERDO POR ESTAR SENTADA EN UN CALABAZAR CON UN MENTECATO!

¡¡¡EXIJO UNA INDEMNIZACIÓN!!!

SCHULZ

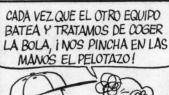

NO ESTÁS LANZANDO BIEN, CHARLIE BROWN...

CADA VEZ QUE EL OTRO EQUIPO BATEA Y TRATAMOS DE COGER LA BOLA, ¡NOS PINCHA EN LAS MANOS EL PELOTAZO!

TRATA DE LANZAR DE MANERA QUE LA BOLA NO NOS PEGUE TAN DURO

¡VAYA JUGADORES DELICADOS LOS QUE TENGO!

LA COSA SIGUE IGUAL, CHARLIE BROWN...

SIGUES LANZANDO TAN DURO QUE CUANDO EL OTRO EQUIPO BATEA, NOS DUELE EL PELOTAZO EN LAS MANOS

¡Y RESULTA MUY MOLESTO!

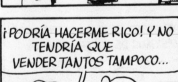

¡SÓLO QUEDAN 12 DÍAS PARA EL ANIVERSARIO DE BEETHOVEN!

ESTOS ANUNCIOS SON PAGADOS POR EL "COMITÉ DE CIUDADANOS PRO BEETHOVEN"

LA SEÑORITA OTHMAR SE RETIRA COMO MAESTRA...

DICE QUE YA VA SIENDO HORA DE CONSTITUIR SU PROPIA FAMILIA...

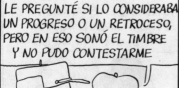

LE PREGUNTÉ SI LO CONSIDERABA UN PROGRESO O UN RETROCESO, PERO EN ESO SONÓ EL TIMBRE Y NO PUDO CONTESTARME

BUEN TEMA PARA UNA MESA REDONDA

QUERIDO SANTA CLAUS: SÉ QUE ERES UN HOMBRE MUY OCUPADO.

NO QUIERO QUE PIERDAS EL TIEMPO PENSANDO QUÉ JUGUETES YO PUDIERA DESEAR.

NO PASES TRABAJO. ESTE AÑO NO ME TRAIGAS NADA MÁS QUE DINERO.

PREFERIBLEMENTE, BILLETES DE A DIEZ Y DE A VEINTE.

SCHULZ

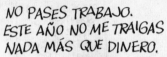

TAL VEZ PUEDAS AYUDAR- ME, LINUS...

CUANDO LE ESCRIBES A SANTA CLAUS, ¿ADÓNDE DIRIGES LA CARTA?

AL POLO NORTE. ¿ADÓNDE IBA A SER?

YO PENSÉ QUE A ESTAS ALTURAS YA SE HABRÍA MUDADO PARA UN CLIMA MÁS CÁLIDO

SCHULZ

¡MI MADRE NO ME CRIÓ PARA QUE LE SIRVIERA DE LOMITA DE ESQUIAR A NADIE!

¿DICES QUE VA A ATERRIZAR EN EL TECHO?

¿CON UN TRINEO ATESTADO Y OCHO RENOS?

CARAY, LA VERDAD ES QUE NO SÉ...

¡TENGO LA IMPRESIÓN DE QUE VA A NECESITAR UNA PISTA DE ATERRIZAJE MÁS LARGA!

SNIF SNIF

¡FELICIDAD ES TENER UN BUEN AMIGO!

Felices Pascuas

QUERIDO ABUELITO: TE AGRADEZCO MUCHO EL AEROPLANO QUE ME ENVIASTE, Y

¡CARAMBA!

¿QUÉ TE PASA?

¡ODIO TENER QUE ESCRIBIR CARTAS DE AGRADECIMIENTO POR JUGUETES QUE YA HE ROTO!

TODO EL MUNDO ESTÁ TAN DISGUSTADO PORQUE NO ENTRÉ EN EL CUADRO DE HONOR...

MI MADRE ESTÁ DISGUSTADA, MI PADRE ESTÁ DISGUSTADO, MI MAESTRA ESTÁ DISGUSTADA, EL DIRECTOR ESTÁ DISGUSTADO... ¡VÁLGAME DIOS!

TODOS DICEN LO MISMO...QUE ESTÁN DISGUSTADOS PORQUE EN EL FONDO TENGO MUY BUENA MADERA...

¡NO HAY MAYOR CARGA QUE TENER BUENA MADERA EN EL FONDO!

EN UN MOMENTO COMO ÉSTE ES QUE REALMENTE PUEDO APRECIAR LAS CUALIDADES DE UN PERRO, SNOOPY

TÚ JAMÁS ABANDONARÍAS A UN AMIGO SÓLO PORQUE OYERAS DECIR QUE NO ENTRÓ EN EL CUADRO DE HONOR

LOS PERROS ACEPTAN A LA GENTE TAL Y COMO ES...

¿SÍ?

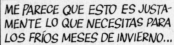

¡OH, NO!

¡PUES SÍ!

NUESTRA ABUELA "ANTI-FRAZADISTA" VIENE A VISITARNOS. SIEMPRE TRATA DE QUE LINUS DEJE DE ANDAR ARRASTRANDO SU FRAZADA...

CREE QUE A LOS NIÑOS DEBE ENSEÑÁRSELES A SER ABNEGADOS... CREE EN LA DISCIPLINA... CREE EN LA FIBRA MORAL...

¡¡¡CREE EN METER LA NARIZ EN LO QUE NO LE IMPORTA!!!

¿QUÉ SERÁ DE MÍ, CHARLIE BROWN?

MI ABUELA "ANTI-FRAZADISTA" VIENE A VISITARNOS... ME CAERÁ ENCIMA EN SEGUIDA PARA QUE NO ANDE MÁS CON ESTA FRAZADA... ME PERSEGUIRÁ INCANSABLEMENTE...

DICE QUE CRIÓ CINCO HIJOS Y QUE NO TENÍAN FRAZADA ¡Y QUE NO VA A PERMITIR QUE UN NIETO SUYO ANDE PARA ARRIBA Y PARA ABAJO CON UN TRAPO COMO ÉSE!

PUEDE QUE SE HAYA CALMADO DESDE LA ÚLTIMA VEZ QUE ESTUVO AQUÍ...

¡SI, TAMBIÉN PUEDE QUE SE CAIGA LA LUNA!

BUENO, MI ABUELA "ANTI-FRAZADISTA" ESTARÁ AQUÍ EL LUNES...

¿ NO PUEDES ESCONDER LA FRAZADA ANTES DE QUE LLEGUE ?

NO. TENGO QUE DEJAR QUE ME LA QUITE...

ESO LA HARÁ SENTIR QUE HA CUMPLIDO CON SU DEBER

NECESITA COMPRENSIÓN

¡SUCEDIÓ, CHARLIE BROWN! ¡SUCEDIÓ TAL Y COMO ME LO HABÍA IMAGINADO!

¡MI ABUELA "ANTI-FRAZADISTA" LLEGÓ HOY! ¡TAN PRONTO COMO ENTRÓ EN LA CASA, ME QUITÓ LA FRAZADA !

ME DIO UN DÓLAR EN COMPENSACIÓN, PERO VOY A PARECER UN PERFECTO IDIOTA CHUPÁNDOME EL DEDO Y AGUANTANDO UN BILLETE DE A DÓLAR...

SÍ QUE LO PARECES...

¡Y ADEMÁS ME SIENTO MUY INSEGURO!

ME PARECE QUE TENGO LA LENGUA MUY LARGA...

MI MAMÁ ESTÁ ENOJADA CONMIGO... MI ABUELA ESTÁ ENOJADA CONMIGO... TODO EL MUNDO ESTÁ ENOJADO CONMIGO...

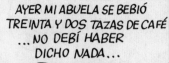

AYER MI ABUELA SE BEBIÓ TREINTA Y DOS TAZAS DE CAFÉ ... NO DEBÍ HABER DICHO NADA...

LE DIJE QUE TAL VEZ TOMAR TREINTA Y DOS TAZAS DE CAFÉ ERA ALGO PARECIDO A NECESITAR UNA FRAZADA DE SEGURIDAD...

NO LE HIZO GRACIA LA COMPARACIÓN...

ABUELA... QUIERO PEDIRTE PERDÓN...

QUIERO PEDIRTE PERDÓN POR LO QUE DIJE DE QUE TÚ BEBÍAS TREINTA Y DOS TAZAS DE CAFÉ....... .....ASÍ Y TODO YO TE QUIERO, ABUELITA...

COMO LOS PADRES SE OPONEN
A LAS RELACIONES...

SCHULZ

¿ NO
ENTIENDES?

¡ SÍ QUE ENTIENDO! ¡NO
TIENES QUE GRITARME!

PUEDE QUE TENGAS RAZÓN...TAL
VEZ NO DEBA GRITARTE TANTO,
PERO TENGO LA IMPRESIÓN DE
QUE SI TE HABLO EN VOZ BAJA
COMO AHORA...

¡ NO ME
HARÍAS CASO !

SCHULZ

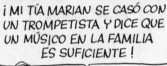

¡ME GUSTARÍA SABER SI TENGO UN ASPECTO PATÉTICO!

A VECES CUANDO UN PERRITO ESTÁ SENTADO BAJO LA LLUVIA CON UN ASPECTO PATÉTICO, PASA UNA SEÑORONA EN SU LUJOSO AUTOMÓVIL Y LO LLEVA PARA SU HERMOSA MANSIÓN...

PERO NO MUY A MENUDO...

ÉL CREE QUE SI SE QUEDA BAJO LA LLUVIA CON ASPECTO PATÉTICO, PASARÁ ALGUNA RICACHONA EN SU LUJOSO AUTOMÓVIL QUE LO LLEVARÁ A SU CASA Y LE DARÁ UNA VIDA DE OCIO

¿Y QUÉ CLASE DE VIDA SE CREE ÉL QUE LLEVA AHORA?

¡POR LO PRONTO, VIVO RODEADO DE BURLAS SANGRIENTAS!

YO CREO QUE LAS BIBLIOTECAS SON MARAVILLOSAS...

¡DE VERAS QUE SÍ!

¿EN QUÉ OTRO LUGAR PUEDE UN NIÑO PEQUEÑO COMO YO, CON SÓLO ENTRAR Y SIN PAGAR NADA EN ABSOLUTO, TOMAR PRESTADO UN LIBRO COMO ÉSTE SOBRE SAM SNEAD?

TIENES RAZÓN... ¡LAS BIBLIOTECAS SON MARAVILLOSAS!

SUSPIRO

¡FELICIDAD ES TENER UNA TARJETA DE LA BIBLIOTECA!

NO ME GUSTA DARLE FRENTE A LOS PROBLEMAS

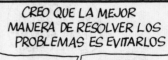

CREO QUE LA MEJOR MANERA DE RESOLVER LOS PROBLEMAS ES EVITARLOS

ESA ES LA FILOSOFÍA DE MI VIDA...

¡NO HAY PROBLEMA, POR GRANDE Y COMPLICADO QUE SEA, AL QUE NO SE LE PUEDA HUIR EL CUERPO!

¿Y SI TODO EL MUNDO FUERA COMO TÚ?

¿QUÉ PASARÍA SI TODOS HUYÉRAMOS DE NUESTROS PROBLEMAS? ¿EH? ¿QUÉ PASARÍA?

¿QUÉ TAL SI TODO EL MUNDO EN EL UNIVERSO ENTERO DECIDIERA DE REPENTE HUIR DE SUS PROBLEMAS?

BUENO, ¡AL MENOS CORRERÍAMOS TODOS EN LA MISMA DIRECCIÓN!

RACHEL CARSON DICE QUE CUANDO LA LUNA NACIÓ NO HABÍA OCÉANOS EN LA TIERRA

¡RACHEL CARSON! ¡RACHEL CARSON! ¡RACHEL CARSON!

¡SIEMPRE ESTÁS HABLANDO DE RACHEL CARSON!

¡LAS NIÑAS NECESITAN TENER SUS HEROÍNAS!

¡TÚ NO SABES BIEN LA SUERTE QUE TIENES!

DIEZ MIL PERRITOS Y GATICOS NACEN EN EL PAÍS CADA HORA, Y TÚ ERES DE LOS POCOS QUE TIENEN CASA PROPIA...

¿CÓMO PODER DISFRUTAR DE UNA COSA ASÍ CUANDO LO HACEN A UNO SENTIRSE CULPABLE?

PRIMERO PON LA MANO EN LA MESA

ENTONCES YO PONGO MI MANO SOBRE LA TUYA...AHORA TÚ PONES TU OTRA MANO SOBRE LA MÍA... ENTONCES YO PONGO MI OTRA MANO SOBRE LA TUYA...

AHORA TÚ SACAS TU MANO DE ABAJO Y LA PONES ARRIBA...ENTONCES YO SACO MI MANO DE ABAJO Y LA PONGO ARRIBA, Y ASÍ SUCESIVAMENTE...¿VES?

¡QUÉ JUEGO MÁS DIVERTIDO! ¿POR QUÉ NO SE LO ENSEÑAMOS A LOS OTROS? ¡PODRÍAMOS FORMAR VARIOS EQUIPOS Y ORGANIZAR UNA LIGA!

¡NADIE TE HA ENSEÑADO A HACER NADA!

¡ERES COMPLETAMENTE INÚTIL!

¡HASTA AL PERRO MÁS SIMPLE PUEDE ENSEÑÁRSELE A TRAERLE LAS ZAPATILLAS AL DUEÑO!

¡IMPOSIBLE PENSAR EN ALGO MÁS ANTIHIGIÉNICO!

¡RAYOS!

ES INÚTIL...

¡NO ME PUEDO DORMIR SIN UNA LUCECITA!

¿YA TE DIERON LA VACUNA ORAL DE SABIN CONTRA LA POLIOMIELITIS?

OH, SÍ. PONEN LAS GOTAS EN UN TERRÓN DE AZÚCAR, Y YO LO MASTIQUÉ EN SEGUIDA... CLARO, ESO FUE DESPUÉS DE TENER UNA PELEA CON LA ENFERMERA...

BUENO, NO FUE EXACTAMENTE UNA PELEA... FUE MÁS BIEN UNA DISCUSIÓN...

¡MI DENTISTA SE OPONE A QUE COMA TERRONES DE AZÚCAR!

¡QUÉ MAL ME SABE ÚLTIMAMENTE!

HOY PARECES MUY SEGURO DE TI MISMO, LINUS

SI. ME SIENTO MUY SEGURO...

¿CUÁL SERÁ EL ORIGEN DE ESA SEGURIDAD? ¿TU DEDO PULGAR, ESA FRAZADA O LA POSICIÓN QUE ADOPTAS?

YO DIRÍA QUE SE TRATA DE UNA COMBINACIÓN DE INGREDIENTES.

¡ALGO ASÍ COMO UNA RECETA MÉDICA!

AQUÍ TIENES TUS CREYONES... GRACIAS POR PRESTÁRMELOS.

ES DIFÍCIL ENOJARSE CON ALGUIEN QUE DEVUELVE LAS COSAS TAN PRONTO...

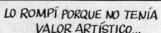

¡ROMPISTE EL CABALLO QUE DIBUJÉ!

LO ROMPÍ PORQUE NO TENÍA VALOR ARTÍSTICO...

¿QUE NO TENÍA VALOR ARTÍSTICO? TRABAJÉ CUARENTA Y CINCO MINUTOS DIBUJANDO ESE CABALLO

¡UNA VERDADERA OBRA DE ARTE REQUIERE POR LO MENOS UNA HORA!

VAMOS A JUGAR A QUE YO SOY UN GANADERO, SNOOPY, Y TÚ ERES UNA DE MIS MEJORES RESES HEREFORD

ES LA HORA DE LA COMIDA, ¿VES? Y AQUÍ TE TRAIGO HENO...

NO CREO YO QUE SERÍA UN BUEN HEREFORD...

SCHULZ

¿CÓMO PIENSAS METERTE EN EL NEGOCIO DE GANADERÍA, LINUS?

BUENO, ME PARECE QUE VOY A ESCRIBIRLE AL SECRETARIO DE AGRICULTURA Y AVERIGUAR SI SU DEPARTAMENTO REGALA VACAS...

NO ESTOY SEGURO DE SI LO HACEN, PERO CREO QUE SI PERTENECES AL CLUB "4H" TIENES DERECHO A TODO LO QUE QUIERAS...

ME DOY CUENTA DE QUE TENGO MUCHO QUE APRENDER...

¡SÍ, NO CABE DUDA!

SCHULZ

¡ODIO EL PAPEL DE OSITO DE TRAPO!

"CÓMO HACER UN PINGÜINO"...PRIMERO, DÓBLENSE LAS DOS PUNTAS OPUESTAS..

LUEGO, DÓBLENSE LAS OTRAS DOS PUNTAS HASTA EL CENTRO... DESPUÉS..

¡ESTÁ BUENO YA! ¿QUIÉN SE LLEVÓ MI FRAZADA?

¡MUY GRACIOSO!

¿COMPRASTE UNA NUEVA COMETA, CHARLIE BROWN? ¡QUÉ CRUELDAD!

¿VAS A SACAR ESA INOCENTE COMETA Y ENREDARLA EN ALGÚN ÁRBOL? ¡OH, QUÉ CRUELDAD!

¡LO QUE ES PEOR, LA VAS A ENREDAR EN ALGÚN ALAMBRE TELEFÓNICO DE DONDE COLGARÁ TODO EL VERANO, DONDE SERÁ MALTRATADA POR LOS ELEMENTOS! ¡OH, QUÉ CRUEL! ¡QUÉ INHUMANO!

QUISIERA DEVOLVER ESTA COMETA

ESTIMADO SEÑOR PRODUCTOR: VI ANOCHE SU PROGRAMA DE DIBUJOS ANIMADOS EN TELEVISIÓN. QUIERO PROTESTAR.

¿QUÉ MÁS QUIERES DECIR?

LOS DIBUJOS SON INSULTANTES, Y USTED INSISTE EN PINTAR A LOS ANIMALES COMO TONTOS O ESTÚPIDOS.

QUIZÁS DEBÍ HABER DICHO ALGO SOBRE NO COMPRAR EL PRODUCTO DEL PATROCINADOR

¿SABES UNA COSA, LINUS? RECONOZCO QUE LE VEO ALGÚN VALOR A ESA CUESTIÓN DE LA FRAZADA...

PARECE QUE TE PONE EN UN ESTADO DE CONTEMPLACIÓN... ME FIGURO QUE TE SOSIEGA LA MENTE DE MODO QUE REALMENTE PUEDES PENSAR EN ALGO

AL CONTRARIO...

¡CREO QUE PARA HACERSE ADECUADAMENTE, CHUPARSE EL DEDO Y SUJETAR LA FRAZADA REQUIERE UNA COMPLETA CONCENTRACIÓN!

EL DORMIR ES MUY IMPORTANTE PARA LA SALUD

EL SUEÑO DA TIEMPO A LAS CÉLULAS PARA RECOBRARSE TRAS LA LABOR DEL DÍA.

ES VERDAD...

¡YO TENGO CÉLULAS MUY TRABAJADORAS!

SOY EL QUE MEJOR DELETREA EN LA CLASE

NI SIQUIERA HAY QUIEN SE ME ACERQUE

¡CUANDO SEA GRANDE VOY A TRABAJAR DE DELETREADOR!

SNOOPY TIENE DOLOR DE CABEZA...

DEBE DE HABERSE RESFRIADO...

PARECE LÓGICO

¡YO SIEMPRE CREÍ QUE EL DOLOR DE CABEZA DABA DE TENER LAS OREJAS DEMASIADO RÍGIDAS!

ASÍ QUE ÉSTE ES EL ÚLTIMO DÍA DEL AÑO...

OTRO AÑO QUE SE VA, Y ¿QUÉ HE HECHO ESTE AÑO QUE NO HAYA HECHO EN LOS ANTERIORES?

¡¡ NADA !!

¿PUEDE PEDIRSE MAYOR FIRMEZA DE CARÁCTER?

SCHULZ

LOS AÑOS PASAN DEMASIADO APRISA...

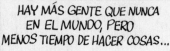

HAY MÁS GENTE QUE NUNCA EN EL MUNDO, PERO MENOS TIEMPO DE HACER COSAS...

¡NECESITAMOS AÑOS MÁS GRANDES!

SCHULZ

¿ESTÁS BUSCANDO PAPEL DE ESCRIBIR?

¿QUÉ TIENE ÉSTE DE MALO?

ES QUE VOY A ESCRIBIR UN POEMA PARA LA ESCUELA...

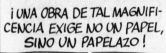

¡UNA OBRA DE TAL MAGNIFICENCIA EXIGE NO UN PAPEL, SINO UN PAPELAZO!

SCHULZ

NO PUEDO DEJARTE ENTRAR, SNOOPY... A MAMÁ NO LE GUSTA EL OLOR A PERRO MOJADO...

¡SE AGOLPAN EN MI MENTE MIL RESPUESTAS SARCÁSTICAS!

SCHULZ

COMPRAR DISCOS ME PONE CONTENTO ...CADA VEZ QUE ME SIENTO TRISTE COMPRO DISCOS...

HOY ESTABA TAN DEPRIMIDO QUE COMPRÉ EL CONCIERTO PARA VIOLÍN DE MENDELSSOHN, EL SEGUNDO CONCIERTO PARA PIANO DE BRAHMS Y LA ODA PARA LA FIESTA DE SANTA CECILIA DE HANDEL..

¡CARAMBA!

¡QUÉ DEPRIMIDO PUEDE LLEGAR A SENTIRSE UNO!

"AL POCO TIEMPO HANSEL Y GRETEL LLEGARON A UNA PEQUEÑA CABAÑA"

"CUANDO ESTUVIERON BIEN CERCA, VIERON QUE LA CASITA ESTABA HECHA DE PAN CON TECHO DE BIZCOCHO"

"LAS VENTANAS ERAN DE AZÚCAR TRANSPARENTE"

SEGURAMENTE QUE EN ESA ÉPOCA NO HABÍA UN CÓDIGO DE LA CONSTRUCCIÓN MUY ESTRICTO...

COMPAÑEROS DE EQUIPO: NOS ENCONTRAMOS HOY AL COMIENZO DE UNA NUEVA TEMPORADA DE BÉISBOL...

EL ÉXITO DE UN EQUIPO DEPENDE GRANDEMENTE DE SU ACTITUD...

¿CREEN USTEDES QUE PODEMOS CONTEMPLAR LA FUTURA TEMPORADA CON VERDADERO ENTUSIASMO?

¡NO, LA CONTEMPLAMOS CON VERDADERO HORROR!

HAY MUCHO QUE APRENDER DEL BÉISBOL ADEMÁS DEL JUEGO EN SÍ...

EL JUEGO DE BÉISBOL Y EL JUEGO DE LA VIDA SON MUY PARECIDOS...

LA MANERA EN QUE UNA PERSONA SE CONDUCE EN EL TERRENO PUEDE SER LA MISMA MANERA EN QUE SE CONDUCE EN EL JUEGO DE LA VIDA

¡NO DIGAS ESO!

HOY QUIERO HABLARLES DE ALGO MUY IMPORTANTE...

COMO USTEDES SABEN, LOS OBJETIVOS DEL ENTRENAMIENTO DE PRIMAVERA SON MUCHOS Y MUY VARIADOS...

UNO DE LOS PROPÓSITOS PRINCIPALES ES ELIMINAR ESA MANTECA ACUMULADA EN EL INVIERNO...

¡YO NO VINE AQUÍ PARA QUE ME INSULTARAN!

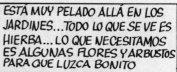

OYE, MANAGER, TENEMOS UNA IDEA PARA MEJORAR EL CAMPO DE PELOTA

ESTÁ MUY PELADO ALLÁ EN LOS JARDINES...TODO LO QUE SE VE ES HIERBA...LO QUE NECESITAMOS ES ALGUNAS FLORES Y ARBUSTOS PARA QUE LUZCA BONITO

PENSAMOS QUE TE GUSTARÍA SABERLO, PARA QUE HICIERAS ALGO AL RESPECTO...

¡YO SOY EL ÚNICO MANAGER CAPAZ DE OBTENER UN INFORME DE UN COMITÉ DE JARDINERÍA!

QUIERO DECIRLES LO CONTENTO QUE ESTOY POR EL MAGNÍFICO ESPÍRITU DEPORTIVO QUE HAN VENIDO MOSTRANDO...

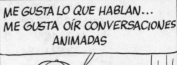

ME GUSTA LO QUE HABLAN... ME GUSTA OÍR CONVERSACIONES ANIMADAS

NO SEAS TAN CORTÉS, CHARLIE BROWN...

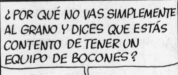

¿POR QUÉ NO VAS SIMPLEMENTE AL GRANO Y DICES QUE ESTÁS CONTENTO DE TENER UN EQUIPO DE BOCONES?

ESTAS PELOTAS NO SIRVEN

DESPUÉS DE TRES INNINGS SE DESBARATAN

YO SÉ LO QUE QUIERES DECIR

PAF

¡ESO ES LO QUE SE LLAMA "DESGASTE PLANIFICADO"!

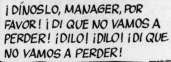

SE ESTÁ MUY SOLO AQUÍ EN LA LOMA DEL PITCHER...

A VECES ES DURO TENER TANTA REPONSABILIDAD...

PERO DE PRONTO SE DA UNO CUENTA DE QUE EN REALIDAD NO ESTÁ SOLO... REALMENTE ESTÁ UNO RODEADO DE LEALES COMPAÑEROS DE EQUIPO

¡VAMOS ZOPENCO, TRATA DE PASAR UNA BOLA SOBRE EL PLATO!

¡VAMOS, CHARLIE BROWN, TIRA LA BOLA!

¡ADELANTE, CHARLIE BROWN! ¡ENSÉÑALE LO QUE ES LANZAR! ¡TÚ ERES MEJOR QUE ÉL, CHARLIE BROWN!

QUE NO VEA LA BOLA, CHARLIE BROWN... ¡ADELANTE! ¡NOSOTROS SABEMOS QUE TÚ PUEDES!

¡MI MADRE, QUÉ HIPÓCRITA SOY!

...Y LOS ANIMALES, POR SUPUESTO, SE COMEN LA VEGETACIÓN QUE CRECE EN LA SELVA...

¿PERO QUÉ BEBEN? ¿DE DÓNDE SACAN EL AGUA?

GENERALMENTE BEBEN DE ARROYOS Y POZOS....

¿QUIERES DECIR QUE BEBEN AGUA **SILVESTRE**?

HOY NO ME SIENTO MUY BIEN...

TAL VEZ SEA MEJOR QUE NO JUEGUE...

BUENA IDEA, CHARLIE BROWN ...QUÉDATE EN CASA Y DESCANSA...

DE TODOS MODOS HAS VENIDO FALLANDO CADA VEZ QUE VAS AL BATE...SERÁ MEJOR QUE TE QUEDES...

¡NO NOS HAGAS ESE DAÑO APARECIÉNDOTE EN EL JUEGO!

TENEMOS UNA NUEVA MESA DE BILLAR EN CASA...

ES MUY LINDA... EL PAÑO ES DE UN COLOR COMO ANARANJADO...

QUÉ BUENO... ESTOY SEGURO DE QUE TU PAPÁ DISFRUTARÁ MUCHO CON ELLA...

NO ES DE MI PAPÁ... ¡ES DE MI **MAMÁ**!

¿ESTÁ DISFRUTANDO TU MAMÁ DE SU NUEVA MESA DE BILLAR COLOR NARANJA?

OH, SÍ... ELLA Y SUS AMIGAS SE DIVIERTEN MUCHO... TOMAN CAFÉ Y JUEGAN CASI TODAS LAS MAÑANAS...

AHORA ELLA HABLA UN NUEVO IDIOMA...

ANOCHE ME DIJO: "¡VETE A ACOSTAR, BOLA OCHO!"

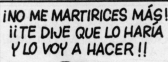

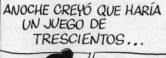

¡OH, NO!

OTROS NIÑOS TIENEN HÉROES BEISBOLEROS QUE BATEAN JONRONES... ¡AL MÍO LO BAJAN A LAS LIGAS MENORES!

SUSPIRO

¿QUÉ HACE UNO CON TODOS LOS RETRATOS DE SU HÉROE CUANDO LO BAJAN A LAS MENORES?

SCHULZ

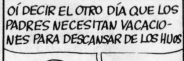

¿SABES QUÉ ES LO QUE ME PREOCUPA?

OÍ DECIR EL OTRO DÍA QUE LOS PADRES NECESITAN VACACIONES PARA DESCANSAR DE LOS HIJOS

COMPRENDO LO QUE QUIERES DECIR...

ESTAS SON LAS COSAS QUE HACEN VACILAR A UN HOMBRE SOBRIO...

SCHULZ

SCHULZ